山东省安全生产条例

中国法制出版社

山东省安全生产条例

SHANDONG SHENG ANQUAN SHENGCHAN TIAOLI

经销/新华书店

印刷/河北华商印刷有限公司

开本/850 毫米×1168 毫米　32 开　　印张/1.25　字数/16 千

版次/2023 年 5 月第 1 版　　2023 年 5 月第 1 次印刷

中国法制出版社出版

书号 ISBN 978-7-5216-3554-6　　定价：6.00 元

北京市西城区西便门西里甲 16 号西便门办公区

邮政编码：100053　　传真：010-63141600

网址：http：//www.zgfzs.com　　**编辑部电话：010-63141673**

市场营销部电话：010-63141612　　**印务部电话：010-63141606**

目　　录

山东省人民代表大会常务委员会
公　　告

第185号

《山东省安全生产条例》已于2021年12月3日经山东省第十三届人民代表大会常务委员会第三十二次会议修订通过，现将修订后的《山东省安全生产条例》公布，自2022年3月1日起施行。

山东省人民代表大会常务委员会

2021年12月3日

山东省安全生产条例

（2017年1月18日山东省第十二届人民代表大会常务委员会第二十五次会议通过　2021年12月3日山东省第十三届人民代表大会常务委员会第三十二次会议修订）

目　　录

第一章　总　　则

第一条　为了加强安全生产工作，防止和减少生产安全事故，保障人民群众生命和财产安全，促进经济社会持续健康发展，根据《中华人民共和国安全生产法》等法律、行政法规，结合本省实际，制定本条例。

第二条 在本省行政区域内从事生产经营活动的单位（以下统称生产经营单位）的安全生产以及相关监督管理，适用本条例；法律法规另有规定的，适用其规定。

第三条 安全生产工作坚持中国共产党的领导。

安全生产工作应当以人为本，坚持人民至上、生命至上，把保护人民生命安全摆在首位，树牢安全发展理念，坚持安全第一、预防为主、综合治理的方针，从源头上防范化解重大安全风险。

安全生产工作应当遵循管行业必须管安全、管业务必须管安全、管生产经营必须管安全和谁主管谁负责、谁审批谁负责、谁监管谁负责的原则，并实行属地监管与分级监管相结合、以属地监管为主的监督管理体制。

第四条 生产经营单位对本单位的安全生产承担主体责任。

生产经营单位应当建立健全全员安全生产责任制和安全生产规章制度，加大安全生产资金、物资、技术、人员的投入保障力度，改善安全生产条件，加强安全生产标准化、信息化建设，构建安全风险分级管控和隐患排查治理双重预防机制。

第五条 县级以上人民政府应当加强对安全生产工作的领导，将安全生产工作纳入国民经济和社会发展规划，组织制定和实施安全生产专项规划，健全落实安全生产责任制，完善安全生产治理体系，加强系统治理、源头治理，支持、督促有关部门依法履行安全生产监督管理职责。

县级以上安全生产委员会负责协调、解决安全生产监督管理中存在的重大问题。县级以上安全生产委员会办公室设在应急管理部门，负责指导协调、监督检查、巡查督查有关政府和部门的安全生产监督管理工作。

第六条 县级以上人民政府应急管理部门依法对本行政区域内的安全生产工作实施综合监督管理，承担职责范围内的安全生产监督管理职责；其他负有安全生产监督管理职责的部门在各自职责范围内，依法对有关行业、领域的安全生产工作实施监督管理。

第七条 乡镇人民政府、街道办事处应当设立或者明确安全生产监督管理机构，配备执法检查人员，依法对本辖区内的安全生产工作进行综合监督管理，并指导村民委员会、居民委员会做好安全生产工作。

开发区、工业园区、保税区、农业示范区、港区、风景区、自然保护区、旅游度假区等功能区管理机构，应当设立或者明确安全生产监督管理机构，强化安全生产监管力量，按照职责对管理区域内生产经营单位安全生产状况进行监督检查，协助上级人民政府有关部门或者按照授权依法履行安全生产监督管理职责。

第八条 工会依法对安全生产工作进行监督，参与生产安全事故调查，提出保障安全生产建议，维护职工合法权益。

生产经营单位的工会依法组织从业人员参加本单位安全生产工作的民主管理和民主监督，维护从业人员的合法权益。生产经营单位制定或者修改安全生产规章制度、作出有关安全生产的决定，应当听取工会的意见。

第九条 县级以上人民政府及其有关部门应当鼓励和支持安全生产科学技术研究、专业技术技能人才培养，推广应用先进的安全生产技术、管理经验和科技成果，增强事故预防能力，提高安全生产管理水平。

第十条 各级人民政府和有关部门应当推动安全文化建设，开展安全生产警示教育，加强安全生产法律法规和安全生产知识的宣传，并将其纳入干部培训内容和国民教育体系，增强全社会的安全生产意识和安全防范能力。

广播、电视、报刊、网络等媒体应当加强安全生产公益宣传，并对安全生产违法行为进行舆论监督。

第十一条 有关行业协会应当加强行业自律和诚信建设，建立健全行业规范，促进生产经营单位加强安全生产管理，并接受有关部门的指导和监督。

第十二条 县级以上人民政府及其有关部门对在改善安全生产条件、防止生产安全事故、参加抢险救护、研究和推广安全生产科学技术与先进管理经验等方面取得显著成绩的单位和个人，按照有关规定给予表彰和奖励。

第二章 生产经营单位的安全生产保障

第十三条 生产经营单位应当具备下列安全生产条件：

（一）生产经营场所和设备、设施、工艺符合规定要求；

（二）有健全的安全生产规章制度和操作规程；

（三）有保证安全生产所必需的资金投入；

（四）依法设置安全生产管理机构或者配备安全生产管理人员；

（五）主要负责人和安全生产管理人员具备与生产经营活动相适应的安全生产知识和管理能力；

（六）从业人员经安全生产教育和培训合格；

（七）配备符合国家标准或者行业标准的劳动防护用品；

（八）法律法规、国家标准或者行业标准规定的其他安全生产条件。

第十四条 矿山、建筑施工、危险化学品、烟花爆竹、民用爆炸物品等行业、领域的生产经营单位，应当依法取得相关安全生产许可；未取得许可的，不得从事相关生产经营活动。

第十五条 生产经营单位应当制定本单位安全生产规章制度，并负责组织实施。

安全生产规章制度应当包括安全生产资金投入、劳动防护用品管理、安全设施和设备管理、安全生产教育和培训、安全生产检查、风险分级管控、隐患排查治理、危险作业管理、安全生产奖惩、应急预案管理、事故报告和事故应急救援等制度。

第十六条 生产经营单位应当建立健全全员安全生产责任制，明确生产经营单位主要负责人、其他负责人、职能部门负责人、生产车间（区队）负责人、生产班组负责人、一般从业人员等全体人员的安全生产责任范围和考核标准等内容，编制全员安全生产责任清单，并严格落实和考核。考核结果作为从业人员职务调整、收入分配等的重要依据。

生产经营单位的主要负责人包括对本单位生产经营负有全面领导责任的法定代表人、实际控制人以及其他主要决策人；其他负责人包括分管安全生产的负责人或者安全总监、主要技术负责人和其他相关负责人。

第十七条 生产经营单位的主要负责人是本单位安全生产第一责任人，对安全生产工作全面负责，具体履行下列职责：

（一）建立健全本单位全员安全生产责任制，并组织落实和考核奖惩；

（二）组织制定并实施本单位安全生产规章制度和操作规程；

（三）确定分管安全生产的负责人或者安全总监、主要技术负责人、其他相关负责人的安全管理职责；

（四）明确本单位技术管理机构的安全生产技术保障职能并配备安全技术人员；

（五）定期研究安全生产工作；

（六）组织制定并实施本单位安全生产教育和培训

计划；

（七）保证本单位安全生产投入的有效实施；

（八）组织建立并落实安全风险分级管控和隐患排查治理双重预防工作机制，督促、检查本单位的安全生产工作，及时消除生产安全事故隐患；

（九）依法开展安全生产标准化建设、安全文化建设；

（十）组织制定并实施本单位的生产安全事故应急救援预案；

（十一）及时、如实报告生产安全事故；

（十二）法律法规规定的其他职责。

第十八条 生产经营单位分管安全生产的负责人或者安全总监协助主要负责人履行安全生产职责，并直接管理本单位的安全生产工作；其他相关负责人在履行各自岗位业务工作职责的同时，履行相关的安全生产工作职责。

生产经营单位设置主要技术负责人的，主要技术负责人负有安全生产技术决策和指挥权，对安全生产技术方案承担管理责任。

第十九条 矿山、金属冶炼、交通运输、建筑施工、粉尘涉爆、涉氨制冷单位和危险物品的生产、经营、储存、装卸单位以及使用危险物品从事生产且使用量达到规定数量的单位（以下统称高危生产经营单位），应当按照规定设置安全生产管理机构或者配备专职安全生产管理人员。

前款规定以外的其他生产经营单位，从业人员超过一百人的，应当设置安全生产管理机构或者配备专职安全生产管理人员；从业人员在一百人以下的，应当配备专职或者兼职的安全生产管理人员。

第二十条 生产经营单位的安全生产管理机构和安全生产管理人员履行下列职责：

（一）组织或者参与拟订本单位安全生产规章制度和操作规程；

（二）对本单位涉及安全生产的经营决策提出改进建议，并督促其他机构、人员履行安全生产职责；

（三）组织拟定本单位安全生产管理年度工作计划和目标，进行考核并提出奖惩意见；

（四）组织或者参与本单位安全生产宣传教育和培训，如实记录安全生产教育培训情况；

（五）监督安全生产资金投入和技术措施的落实；

（六）监督劳动防护用品的采购、发放、使用和管理；

（七）组织开展危险源辨识和评估，督促落实重大危险源的安全管理；

（八）组织落实安全风险分级管控措施，检查本单位的安全生产状况，及时排查事故隐患，制止和纠正违章指挥、强令冒险作业、违反操作规程的行为，督促落实安全生产整改措施；

（九）对承包、承租单位安全生产资质、条件进行审核，督促检查承包、承租单位履行安全生产职责；

（十）组织或者参与本单位生产安全事故应急预案的制定、演练；

（十一）法律法规规定的其他职责。

第二十一条 从业人员一百人以上的高危生产经营单位和从业人员三百人以上的其他生产经营单位，应当依法设置安全总监。

鼓励、支持前款规定以外的生产经营单位，根据生产经营规模、安全风险等情况，设置安全总监。

安全总监专项分管本单位安全生产管理工作。

生产经营单位的安全生产管理机构和安全生产管理人员，在安全总监的领导下负责本单位的安全生产管理工作。

第二十二条 从业人员三百人以上的高危生产经营单位和从业人员一千人以上的其他生产经营单位，应当建立安全生产委员会。

安全生产委员会由本单位的主要负责人、其他负责人、安全生产管理机构以及其他职能部门负责人、工会代表和从业人员代表等人员组成。

安全生产委员会负责组织、指导、协调本单位安全生产工作任务的贯彻落实，研究和审查本单位有关安全生产的重大事项。安全生产委员会每季度至少召开一次会议，会议情况应当如实记录。

第二十三条 生产经营单位应当保障安全生产资金投入，并将其纳入年度生产经营计划和财务预算。安全生产资金投入应当专项用于安全生产工作，不得挪作他用。

有关生产经营单位应当按照国家规定提取和使用安全生产费用。安全生产费用应当在成本中据实列支，专项用于保障和改善安全生产条件。

高危生产经营单位和其他有关单位应当加强智能技术、安全防护技术的研究开发和应用，提高安全生产技术水平。

第二十四条 生产经营单位应当依法参加工伤保险，为从业人员缴纳工伤保险费。

矿山、交通运输、危险化学品、烟花爆竹、建筑施工、民用爆炸物品、金属冶炼、渔业生产等属于国家规定的高危行业、领域的生产经营单位，应当投保安全生产责任保险。鼓励其他生产经营单位投保安全生产责任保险。

第二十五条 生产经营单位应当明确本单位从业人员配备劳动防护用品的种类和型号，为从业人员无偿提供符合标准的劳动防护用品，督促、检查、教育从业人员正确佩戴和使用，不得以货币形式或者其他物品替代。购买和发放劳动防护用品的情况应当如实记录。

第二十六条 生产经营单位新建、改建、扩建工程项目的，其安全设施应当与主体工程同时设计、同时施工、同时投入生产和使用。

矿山、金属冶炼和用于生产、储存、装卸危险物品的建设项目的安全设施设计，应当按照国家有关规定报经有关部门审查，审查部门及其负责审查的人员对审查结果负责；建设项目竣工投入生产或者使用前，建设单位应当依法组织对安全设施进行验收，验收可以聘请专家参与，专家对其出具的结论负责；负有安全生产监督管理职责的部门应当加强对建设单位验收活动和验收结果的监督核查。

第二十七条 生产经营单位的主要负责人、分管安全生产的负责人或者安全总监、安全生产管理人员，应当具备与所从事的生产经营活动相适应的安全生产知识和管理能力。

高危生产经营单位的主要负责人、分管安全生产的负责人或者安全总监、安全生产管理人员，应当按照规定经主管的负有安全生产监督管理职责的部门考核合格。考核不得收费。

特种作业人员应当接受与其所从事的特种作业相应的安全技术理论培训和实际操作培训，取得特种作业相关资格证书后，方可上岗作业。

第二十八条 生产经营单位应当定期对从业人员进行安全生产教育和培训。从业人员未经安全生产教育和培训合格，不得上岗作业。对下列人员，应当在上岗前及时进行安全生产教育和培训：

（一）新进从业人员；

（二）离岗六个月以上或者换岗的从业人员；

（三）采用新工艺、新技术、新材料或者使用新设施、新设备的有关从业人员。

从业人员应当接受安全生产教育和培训，掌握本职工作所需的安全生产知识，提高安全生产技能，增强事故预防和应急处置能力。

第二十九条 以劳务派遣形式用工的，用工单位应当将劳务派遣人员纳入本单位的从业人员进行统一安全管理，对其进行岗位安全操作规程和安全操作技能的教育和培训；劳务派遣单位应当对劳务派遣人员进行必要的安全生产教育和培训。

生产经营单位接收实习学生的，应当对实习学生进行相应的安全生产教育和培训，提供必要的劳动防护用品。实习学生委派单位应当协助生产经营单位对实习学生进行安全生产教育和培训。

用工单位与劳务派遣单位、实习学生委派单位应当通过协议明确各自承担的安全生产教育和培训职责以及具体内容。

第三十条 生产经营单位应当依法保障从业人员的生命安全，不得有下列行为：

（一）违章指挥、强令或者放任从业人员冒险作业；

（二）超过核定的生产能力、生产强度或者生产定员组织生产；

（三）违反操作规程、生产工艺、技术标准或者安全管理规定组织作业。

从业人员有权拒绝违章指挥和强令冒险作业；生产经营单位不得因从业人员拒绝违章指挥、强令冒险作业而降低其工资、福利等待遇或者解除与其订立的劳动合同。

从业人员在作业过程中，应当严格落实岗位安全责任，遵守本单位的安全生产规章制度和操作规程，服从管理，正确佩戴和使用劳动防护用品。

第三十一条 生产经营单位应当建立健全安全风险分级管控制度，明确风险点排查、风险评价、风险等级评定的程序、方法和标准，编制风险分级管控清单，列明管控重点、管控机构、责任人员、监督管理、安全防护和应急处置等安全风险管控措施。

属于重大或者较大风险的，应当制定专项管控方案，采取限制或者禁止人员进入、定期巡查检查等安全风险管控措施。

第三十二条 生产经营单位应当建立健全生产安全事故隐患排查治理制度，对事故隐患进行排查并及时采取措施予以消除；事故隐患排除前和排除过程中无法保证安全的，应当从危险区域内撤出人员，疏散周边可能危及的其他人员，并设置警戒标志。生产经营单位应当将事故隐患排查治理情况向从业人员通报。

对排查出的重大事故隐患，生产经营单位应当按照规定立即报告，并采取有效的安全防范和监控措施，制定和落实治理方案。治理方案、结果等情况应当及时向负有安全生产监督管理职责的部门和职工大会或者职工代表大会报告。

第三十三条 高危生产经营单位应当建立并落实单位负责人现场带班制度，制定带班考核奖惩办法，定期公布带班计划并接受从业人员监督。

带班负责人应当掌握现场安全生产情况，及时发现并妥善处置事故隐患；发现事故险情或者事故时，及时组织现场人员撤离，并进行妥善处置。

第三十四条 生产经营单位应当对生产经营区域内常驻协作单位的安全生产工作进行统一协调管理，明确生产作业风险和安全管理要求，督促其健全落实安全生产规章制度和安全措施，组织其参加本单位的生产安全事故应急救援演练。

常驻协作单位入驻前，生产经营单位应当对其安全生产条件、资质和有关人员从业资格进行审查，组织开展安全生产教育和培训，并建立常驻协作单位安全生产管理档案。

常驻协作单位入驻后，生产经营单位应当对其作业活动、有关人员从业资格、作业方案和安全措施等内容进行经常性检查。

第三十五条 生产经营单位进行爆破、吊装、悬挂、挖掘、动火、临时用电、危险装置设备试生产、有限空间、有毒有害、建筑物和构筑物拆除，以及临近油气管道、高压输电线路等危险作业，应当遵守下列规定：

（一）对作业现场进行安全风险辨识；

（二）制定作业方案和安全防范措施；

（三）按照规定开具危险作业票证，并对危险作业票证进行现场查验；

（四）确认作业人员的上岗资格、身体状况以及配备的劳动防护用品符合安全作业要求；

（五）进行安全技术交底，向作业人员说明危险因素、作业安全要求和应急措施；

（六）确定专人进行现场作业的统一指挥；

（七）指定安全生产管理人员进行现场安全检查和监督，确认安全防范措施落实情况；

（八）按照规定配备安全防护设备、应急救援装备，设置安全警示标志。

生产经营单位委托其他生产经营单位进行危险作业的，应当在作业前与受托方签订安全生产管理协议，并对受托方安全生产工作统一协调管理。安全生产管理协议应当明确各自的安全生产职责。

第三十六条 承担安全评价、认证、检测、检验职责的机构应当具备国家规定的资质条件，建立并实施服务公开和报告公开制度，严格遵守相关标准和规范开展执业活动，出具安全评价、认证、检测、检验结论应当客观公正，并不得有下列行为：

（一）违法更改或者简化安全评价、认证、检测、检验程序和内容；

（二）出租、出借资质、资格，或者将资质提供给他人挂靠使用；

（三）转让、转包承接的服务项目；

（四）出具失实或者虚假报告。

按照规定需要到现场进行勘验和检测检验的，应当如实记录现场工作情况，并在安全评价、认证、检测、检验结论中附具相关证明材料。

第三章　监督管理

第三十七条　县级以上人民政府应当组织有关部门依法编制安全生产权责清单并向社会公布。权责清单实行动态管理。

各级人民政府和有关部门主要负责人对本地区、本部门的安全生产工作全面负责；分管安全生产工作的负责人直接领导安全生产工作；其他相关负责人在履行各自岗位业务工作职责的同时，履行相关的安全生产工作职责。

第三十八条 县级以上人民政府应当健全安全生产巡查制度，对有关部门和下级人民政府执行安全生产法律法规、履行安全生产监管责任、调查处理生产安全事故等情况进行巡查。巡查结果作为有关负责人考核、奖惩和使用的重要参考。

县级以上人民政府应当完善安全生产约谈制度，对发生较大以上等级事故或者履行职责不力等情形的，及时启动约谈程序，对有关部门和下级人民政府有关负责人进行提醒、告诫并督促整改。

第三十九条 县级以上人民政府应当增加安全生产投入，按照规定执行安全生产监管监察岗位津贴，保障安全生产监管执法、举报奖励经费，落实安全生产专项资金，并纳入年度财政预算。

第四十条 县级以上人民政府应当组织有关部门建立完善安全风险评估与论证机制，合理进行产业规划和空间布局，并对位置相邻、行业相近、业态相似的生产经营单位实施重大安全风险联防联控机制。

第四十一条 县级以上人民政府应当根据本行政区

域内的安全生产状况，组织对容易发生生产安全事故的生产经营单位进行检查；发现事故隐患或者安全生产违法行为的，应当及时依法处理。

负有安全生产监督管理职责的部门和乡镇人民政府、街道办事处以及功能区管理机构，应当根据监督管理权限制定安全生产年度监督检查计划，明确监督检查的方式、内容、措施和频次；对安全生产问题突出的生产经营单位进行重点检查，发现问题及时处理。

第四十二条 安全生产监督检查应当采取随机抽取检查对象、随机选派检查人员的抽查方式进行，国家对重点行业、领域另有规定的除外。安全生产监督检查人员在进行安全生产检查时，应当由二人以上共同进行，出示有效的行政执法证件，并佩戴安全防护用品。监督检查情况和处理结果应当记录在案。

负有安全生产监督管理职责的部门应当根据实际需要邀请有专业知识的人员协助安全生产的监督检查、事故调查等工作。

第四十三条 对下列生产经营单位应当进行重点检查：

（一）高危生产经营单位；

（二）宾馆、饭店、商场、娱乐场所、旅游景区等人员密集场所经营单位；

（三）生产经营场所与居住场所在同一建筑物内的生产经营单位；

（四）发生过生产安全事故，或者一年内因安全生产违法行为受过两次以上行政处罚等有安全生产不良记录的生产经营单位；

（五）被举报、投诉有安全生产违法行为或者重大事故隐患经核查属实的生产经营单位。

生产经营单位有前款第四项、第五项情形的，应当加大检查频次。

第四十四条 负有安全生产监督管理职责的部门对检查中发现的事故隐患，应当责令生产经营单位立即排除；重大事故隐患排除前或者排除过程中无法保证安全的，责令生产经营单位从危险区域内撤出作业人员，责令暂时停产停业或者停止使用相应设施、设备。

重大事故隐患排除后，经负有安全生产监督管理职责的部门审查同意，生产经营单位方可恢复生产经营或者使用相应设施、设备。

第四十五条 负有安全生产监督管理职责的部门在履职过程中，依法对存在重大事故隐患的生产经营单位作出停产停业、停止施工、停止使用相关设施或者设备的决定，生产经营单位应当依法执行，并在生产经营场所的明显位置设置事故隐患提示标志，及时消除事故隐患。

生产经营单位拒不执行，有发生生产安全事故的现实危险的，在保证安全的前提下，经本部门主要负责人批准，负有安全生产监督管理职责的部门可以采取通知有关单位对相关场所、设备、设施停止供电、停止供应民用爆炸物品等措施，强制生产经营单位履行决定。通知应当采用书面形式，有关单位应当予以配合。

负有安全生产监督管理职责的部门依照前款规定采取停止供电措施，除有危及生产安全的紧急情形外，应当提前二十四小时通知生产经营单位。生产经营单位依法履行行政决定、采取相应措施消除事故隐患的，负有安全生产监督管理职责的部门应当及时解除前款规定的措施。

第四十六条 负有安全生产监督管理职责的部门在监督检查过程中，对有根据认为不符合保障安全生产的国家标准或者行业标准的设备、设施和器材以及违法生产、储存、使用、经营、运输的危险物品予以查封或者扣押，对违法生产、储存、使用、经营危险物品的作业场所予以查封，并依法作出处理决定。

负有安全生产监督管理职责的部门依法扣押的危险物品，应当储存在符合安全条件的专用仓库、专用场地或者专用储存室内。

第四十七条 乡镇人民政府、街道办事处、功能区管理机构应当按照职责对本辖区生产经营单位安全生产状况进行监督检查，并可以采取下列措施：

（一）进入生产经营单位进行检查，调阅有关资料，向有关单位和人员了解情况；

（二）对检查中发现的安全生产违法行为，当场予以纠正或者要求限期改正，采取必要的应急措施，并及时报告负有安全生产监督管理职责的部门；

（三）对检查中发现的事故隐患，责令立即排除；生产经营单位拒不排除或者不能立即排除的，报告负有安全生产监督管理职责的部门。

负有安全生产监督管理职责的部门接到报告后，应当及时予以处理。

第四十八条 负有安全生产监督管理职责的部门应当建立安全生产举报制度，公开举报电话、信箱或者电子邮件地址等举报平台，对举报的事故隐患和安全生产违法行为依法组织核实、调查和处理，并为举报者采取保密措施；涉及人员死亡的举报事项，由县级以上人民政府组织核查处理。

举报事项经核查属实的，按照国家和省有关规定对有功的举报人员给予奖励。

第四十九条 负有安全生产监督管理职责的部门在依法查处安全生产违法行为过程中，发现生产经营单位及其人员涉嫌安全生产犯罪的，应当依法移送司法机关处理；发现公职人员涉嫌职务违法犯罪的问题线索，应当依法移送监察机关处理。

第五十条 县级以上人民政府行业主管部门应当将安全生产工作作为行业、领域管理的重要内容，从行业规划、产业政策、标准规范、行政许可等方面加强行业、领域安全生产工作，按照各自安全生产管理职责加强本行业、领域生产经营单位安全生产工作的指导督促和监督检查。

第五十一条 各级人民政府和有关部门在安全生产监督管理工作中应当严格遵守法律法规的规定，依法维护生产经营单位和从业人员的合法权益，不得干预其正常生产经营和作业活动，并对监督管理中获悉的技术秘密和业务秘密依法予以保密。

生产经营单位严格履行安全生产责任，在规定时间内未发生生产安全事故，或者在安全生产检查中未发现安全生产违法行为、重大事故隐患的，应当适当减少对其安全生产检查的频次。

第五十二条 因安全生产违法行为造成重大事故隐患或者导致重大事故，致使国家利益或者社会公共利益受到侵害的，人民检察院可以提起公益诉讼。

人民检察院在履行职责中发现负有安全生产监督管理职责的部门违法行使职权或者不作为，致使国家利益或者社会公共利益受到侵害的，应当提出检察建议，督促其依法履行职责；不依法履行职责的，人民检察院依法向人民法院提起诉讼。

第五十三条 县级以上人民政府应当统筹推进安全生产信息化建设，建立健全安全生产监督管理信息系统，实现安全风险分级管控、事故隐患排查治理、重大危险源监控、应急救援、监管执法等信息互联互通，加强事故防范预警，提高安全生产监督管理信息化水平。

第五十四条 县级以上人民政府及其有关部门应当将安全生产科技发展纳入本行政区域科技发展规划，引导生产经营单位加快新技术、新装备、新工艺、新材料的使用，实现生产经营机械化、自动化、智能化，提升安全生产科学化、标准化水平。

第五十五条 负有安全生产监督管理职责的部门应

当按照国家有关规定，推动生产经营单位开展安全生产标准化建设工作，并将安全生产标准化建设情况作为分类分级监管的重要依据。鼓励、支持金融机构优先向开展安全生产标准化建设的生产经营单位提供信贷服务。

第五十六条 负有安全生产监督管理职责的部门应当建立安全生产违法行为信息库，并与企业信用信息公示系统、公共信用信息平台相衔接，推进安全生产信用信息资源共享；对违法行为情节严重的生产经营单位及其有关从业人员，应当依法及时向社会公告，通报有关部门、证券监督管理机构以及有关金融机构，并按照国家有关规定实施联合惩戒。

第五十七条 县级以上人民政府应急管理部门应当按照规定配备安全生产执法人员、执法执勤用车和装备，统一安全生产执法标志标识和制式服装，定期对执法人员开展安全生产法律法规和相关技术知识等方面的培训、考核，依法开展执法检查工作。

第五十八条 省人民政府根据实际需要，可以决定将县（市、区）人民政府负有安全生产监督管理职责的部门对安全生产违法行为的行政处罚权，交由能够有效承接的乡镇人民政府、街道办事处行使，并定期组织评估。

乡镇人民政府、街道办事处应当根据省人民政府的决定，加强安全生产执法能力建设，按照规定范围、依照法定程序实施行政处罚。

第五十九条 省人民政府负有安全生产监督管理职责的部门可以在其法定职权范围内，将安全生产许可证具体审核工作委托设区的市人民政府负有安全生产监督管理职责的部门实施。

第四章 生产安全事故的应急救援与调查处理

第六十条 县级以上人民政府应当完善生产安全事故应急救援体系，根据本行政区域生产安全事故的特点和危害，在重点行业、领域建立应急救援基地、专业性应急救援队伍和应急物资储备库。

县级以上人民政府应急管理部门应当会同有关部门建立生产安全事故应急救援信息系统，综合运用大数据、云计算等信息化手段，实现数据整合、动态更新与信息共享，提高信息化管理、指挥和应急救援能力。

第六十一条 县级以上人民政府及其有关部门应当依法编制生产安全事故应急救援预案，并向社会公布。

乡镇人民政府、街道办事处、功能区管理机构应当制定相应的生产安全事故应急救援预案，协助人民政府有关部门或者按照授权依法履行生产安全事故应急救援工作职责。

第六十二条 生产经营单位应当建立健全本单位的生产安全事故应急救援预案，依法编制综合应急救援预案、专项应急救援预案和现场处置方案，并向本单位从业人员公布。

高危生产经营单位和人员密集场所经营单位的应急救援预案，应当依法向社会公布，并报送负有安全生产监督管理职责的部门备案。

第六十三条 县级以上人民政府及其有关部门和乡镇人民政府、街道办事处、功能区管理机构，应当每年至少组织一次应急救援预案演练。

高危生产经营单位和人员密集场所经营单位应当每半年至少组织一次综合或者专项应急救援预案演练，每两年对所有专项应急救援预案至少组织一次演练，每半年对所有现场处置方案至少组织一次演练。

其他生产经营单位应当每年至少组织一次综合或者专项应急救援预案演练，每三年对所有专项应急救援预案至少组织一次演练，每年对所有现场处置方案至少组织一次演练。

第六十四条　生产安全事故发生后，生产经营单位应当立即启动应急救援预案。事故现场作业人员、带班人员和安全生产管理人员等有关人员应当立即向本单位负责人报告，单位负责人接到报告后，应当于一小时内向事故发生地负有安全生产监督管理职责的部门报告。事故涉及到两个以上生产经营单位的，相关单位均应当报告。

情况紧急或者事故单位负责人无法联络时，事故现场有关人员可以直接向事故发生地县级以上人民政府应急管理部门和其他有关的负有安全生产监督管理职责的部门报告。

任何单位和个人对事故不得迟报、漏报、谎报、瞒报，不得故意破坏事故现场、毁灭有关证据。

第六十五条　负有安全生产监督管理职责的部门接到生产安全事故报告后，应当立即按照国家和省有关规定上报事故情况。

设区的市和县（市、区）人民政府应当在接到生产安全事故报告后三十分钟内直报省人民政府安全生产委员会办公室；属于较大以上等级事故的，还应当在一小时内书面报告省人民政府安全生产委员会办公室。

第六十六条　有关人民政府和负有安全生产监督管

理职责的部门以及有关机构、单位接到生产安全事故报告后，应当立即启动应急救援预案，组织事故抢救。

参与事故抢救的部门和单位应当服从统一指挥，加强协同联动，采取有效的应急救援措施，并根据事故救援的需要采取警戒、疏散等措施，防止事故扩大和次生灾害的发生，减少人员伤亡和财产损失。

第六十七条 生产安全事故调查处理应当按照科学严谨、依法依规、实事求是、注重实效的原则，及时、准确地查清事故原因，查明事故性质和责任，评估应急处置工作，总结事故教训，提出整改措施，并对事故责任单位和人员提出处理建议。

事故调查组由有关人民政府、应急管理部门、其他有关的负有安全生产监督管理职责的部门、公安机关以及工会派人组成；监察机关、人民检察院可以介入调查。

任何单位和个人不得阻挠、干涉对事故的依法调查处理。

第六十八条 生产安全事故调查应当按照事故的等级分级组织。重大事故、较大事故、一般事故分别由省、设区的市、县（市、区）人民政府负责调查。存在可能迟报、漏报、谎报、瞒报事故，事故特别复杂或者社会影响特别重大等情形的，上级人民政府可以按照有关规定决定提级调查。

提级调查的决定由省、设区的市人民政府负有安全生产监督管理职责的部门或者安全生产委员会办公室提请本级人民政府作出。

第六十九条 生产安全事故调查组在事故调查中，发现事故责任单位及其有关人员涉嫌犯罪的，应当及时将有关线索移送司法机关处理；发现公职人员涉嫌职务违法犯罪的问题线索，应当依法移送监察机关处理。

第五章 法律责任

第七十条 违反本条例规定的行为，法律、行政法规已经规定法律责任的，适用其规定。

第七十一条 违反本条例规定，各级人民政府和有关部门的工作人员有下列情形之一的，依法给予处分；构成犯罪的，依法追究刑事责任：

（一）未依法履行监督管理职责导致发生生产安全事故的；

（二）未依法履行生产安全事故应急救援职责造成严重后果的；

（三）对迟报、漏报、谎报、瞒报生产安全事故负有责任的；

（四）阻挠、干涉生产安全事故调查处理工作的；

（五）违法干预生产经营单位的正常生产经营和作业活动造成严重后果的；

（六）其他滥用职权、玩忽职守、徇私舞弊的行为。

发生生产安全事故，经事故调查组认定、监察机关核实，有关人民政府和部门的工作人员已经全面履行了安全生产法定职责的，不予追究相关责任。

第七十二条 生产经营单位的主要负责人违反本条例第十七条第三项、第四项、第五项规定的，责令限期改正，处二万元以上五万元以下的罚款；逾期未改正的，处五万元以上十万元以下的罚款，责令生产经营单位停产停业整顿。

第七十三条 生产经营单位的主要负责人违反本条例第十七条第三项、第四项、第五项规定，导致发生生产安全事故的，依法给予撤职处分，由应急管理部门依照下列规定处以罚款；构成犯罪的，依法追究刑事责任：

（一）发生一般事故的，处上一年年收入百分之四十的罚款；

（二）发生较大事故的，处上一年年收入百分之六十的罚款；

（三）发生重大事故的，处上一年年收入百分之八十的罚款；

（四）发生特别重大事故的，处上一年年收入百分之一百的罚款。

第七十四条 违反本条例规定，生产经营单位的安全总监未履行安全生产管理工作职责的，责令限期改正，处一万元以上三万元以下的罚款；导致发生生产安全事故的，暂停或者吊销其与安全生产有关的资格，并处上一年年收入百分之二十以上百分之五十以下的罚款；构成犯罪的，依法追究刑事责任。

第七十五条 违反本条例规定，生产经营单位有下列情形之一的，责令限期改正，处三万元以上十万元以下的罚款；逾期未改正的，责令停产停业整顿，并处十万元以上二十万元以下的罚款，对直接负责的主管人员和其他直接责任人员处二万元以上五万元以下的罚款：

（一）未按照规定建立全员安全生产责任制的；

（二）未按照规定设置安全总监的；

（三）未按照规定建立安全生产委员会的；

（四）未按照规定提取和使用安全生产费用的；

（五）高危生产经营单位的主要负责人、分管安全生产的负责人或者安全总监、安全生产管理人员未按照规定经考核合格的；

（六）未按照规定对从业人员在上岗前进行安全生产教育和培训的；

（七）高危生产经营单位未按照规定执行单位负责人现场带班制度的；

（八）未按照规定对常驻协作单位进行安全管理的。

第七十六条 生产经营单位违反本条例第三十条第一款规定的，责令限期改正，处三万元以上十万元以下的罚款；逾期未改正的，责令停产停业整顿，并处十万元以上二十万元以下的罚款，对直接负责的主管人员和其他直接责任人员处二万元以上五万元以下的罚款；构成犯罪的，依法追究刑事责任。

生产经营单位违反本条例第三十条第一款规定，导致发生生产安全事故的，依照法律规定处以罚款，并对直接负责的主管人员和其他直接责任人员处五万元以上二十万元以下的罚款。

第七十七条 生产经营单位进行危险作业，违反本条例第三十五条第一款规定的，责令限期改正，处三万元以上十万元以下的罚款；逾期未改正的，责令停产停业整顿，并处十万元以上二十万元以下的罚款，对直接负责的主管人员和其他直接责任人员处二万元以上五万元以下的罚款；构成犯罪的，依法追究刑事责任。

第七十八条 违反本条例规定，承担安全评价、认证、检测、检验职责的机构违法更改或者简化安全评价、认证、检测、检验程序和内容，或者转让、转包承接的服务项目的，没收违法所得，并处违法所得一倍以上三倍以下的罚款；没有违法所得的，处三万元以上十万元以下的罚款；对直接负责的主管人员和其他直接责任人员处二万元以上五万元以下的罚款。

第七十九条 本条例规定的行政处罚，未明确实施机关的，由应急管理部门和其他负有安全生产监督管理职责的部门按照职责实施。

第六章 附　　则

第八十条 本条例自2022年3月1日起施行。